I0013291

Bibliografische Information der Deutschen Nationalbibliothek:

Die Deutsche Bibliothek verzeichnet diese Publikation in der Deutschen Nationalbibliografie; detaillierte bibliografische Daten sind im Internet über http://dnb.d-nb.de/ abrufbar.

Impressum:

Druck und Bindung: Books on Demand GmbH, Norderstedt Germany
ISBN: 9783640580224

Dieses Buch bei GRIN:

http://www.grin.com/de/e-book/147186/xml-einsatzmoeglichkeiten-in-edi

Christian Möller

XML - Einsatzmöglichkeiten in EDI

GRIN Verlag

Themenspezifische Projektarbeit L700

XML – Einsatzmöglichkeiten in EDI

Christian Möller

FH Remagen/ Studiengang: Logistik und E-Business

Arbeitsbeginn: 04.01.2010

Abgabetermin: 03.03.2010

1 Inhaltsverzeichnis

1 Inhaltsverzeichnis 2
2 Abbildungsverzeichnis 3
3 Einleitung 4
4 Ziel und Aufbau der Arbeit 5
5 EDI 6
5.1 Standards 8
5.2 Ebenen der EDI Standardisierung 9
5.3 Gegenüberstellung der Vorteile und Nachteile 10
6 XML 12
6.1 Beschreibung 13
6.2 Ziele 13
6.3 XML Grundlagen 14
6.4 DTD 15
6.5 XML-Schemata 17
7 XML/EDI 17
7.1 Abgrenzung Internet-EDI; WEB-EDI, Web-Services 18
7.2 Vergleich von XML/EDI mit klassischem EDI 19
8 XML – Standards 22
8.1 Frameworks 23
8.1.1 RosettaNet 24
8.1.2 BizTalk 25
8.1.3 ebXML 26
8.2 Functions 26
8.2.1 XCBL 27
8.3 Verticals 28
8.3.1 CML 28
8.3.2 FinXML 28
9 XML Integration in das Unternehmen 29
9.1 XML-Schnittstelle (SAP) 29
9.2 Business Connector 30
10 Einsatzmöglichkeiten XML in der Praxis 31
10.1 E-Procurement 32
10.1.1 Arten 32
10.1.2 Katalogsysteme am Beispiel BMECat 33
10.1.3 Elektronischer Marktplatz/Marktbörsen 37
10.2 Vernetztes Supply Chain 38
11 Fallstudie Beschaffung UBS: Bank 39
12 Fazit/ Ausblick 41
13 Literaturverzeichnis 43
14 Anhang/ Vergleich klassisches EDI mit XML/EDI 48
14.1 Übersicht Standards 49

2 Abbildungsverzeichnis

Abb.1 EDI-Transaktion S.7

Abb.2 EDI-Auswirkungen auf die Kostenstruktur S.11

Abb.3 Auswirkungen von XML/EDI auf die Kostenstruktur S.20

Abb.4 Beschaffungsprozess >>MyShop<< S.40

3 Einleitung

>> XML is not optimized for update, retrieval, searching or anything else.
It is optimized for interchange, interchange and interchange. <<
Paul Prescord in der xml-dev Mailing List am 5.1.1999 [1]

Damit Unternehmen effizient und schnell Transaktionen abschließen können, bedarf es der Einigung auf eine gemeinsame Sprache. Ein einheitlicher Standard, der der Kommunikation und der Vielzahl der Unternehmen als Basis für den Informationsaustausch dient.

Kernpunkt der folgenden Seminararbeit ist die Betrachtung der Kommunikation im Business-to-Business (B2B) Bereich (Geschäftsbeziehungen zwischen Unternehmen/ Handel ohne Endverbraucher). Der elektronische Handel (E-Commerce), den man als „Die Unterstützung von Handelsaktivitätten über Kommunikationsnetze“[2] definieren kann und der somit auch den Handel zwischen Unternehmen und Konsumenten mit einbezieht, findet in dieser Arbeit keine Betrachtung.

Anstelle des Konsumenten im Business-to-Customer (B2C), würde im B2B bei vergleichender Betrachtungsweise ein professioneller Einkäufer stehen, der Unternehmensziele verfolgt. Auch unterscheiden sich die Geschäftsmodelle beider Strategien.

Als elektronischen Datenaustausch (EDI) bezeichnet man eine Technologie, die schon in den 70er Jahren eingeführt worden ist und bis heute in zahlreichen Unternehmen angewendet wird.[3]

Obwohl die technologische Entwicklung in den letzten Jahren rasant voran geschritten ist, findet der klassische EDI vorzugsweise in größeren Institutionen Anwendung. Die hohen Installations- und Betriebskosten wirken immer noch abschreckend auf kleine und mittlere Unternehmen (KMU).

Jedoch durch den hohen Wettbewerbsdruck, der in manchen Branchen herrscht, sind KMUs, um gegenüber ihren großen Marktkonkurrenten bestehen

---

[1] Weitzel/ Harder/ Buxmann; S. 60
[2] Merz,Michael ; S.20
[3] Vgl. Merz, Michael, S.684 ff.

zu können, regelrecht gezwungen, EDI einzuführen.[4] Denn lange Zeit gab es keine wirklichen Alternativen für die Nutzung des standardisierten Nachrichtenaustausches und so waren KMUs die durch EDI entstehenden Einsparmöglichkeiten verborgen geblieben.
Durch die rasche Verbreitung des Internets und des WWW (World Wide Web) sollten sich aber Möglichkeiten zum Einsatz flexiblerer Technologien auftun.
Durch die zunehmende globale Vernetzung werden die Stimmen nach dem richtigen Datenformat laut, welches insbesondere den Anpassungsaufwand minimiert. Das Potential um die Probleme des klassischen EDI zu lösen, bringt die Sprache XML mit.
Als Beispiel lässt sich ein Lieferant aufführen, der 50 verschiedene Access-Datenbanken für 50 verschiedene Kunden anbieten muss.[5]
Hauptteil dieser Arbeit ist die Betrachtung von XML (eXtensible Markup Language -z.dt „erweiterbare Auszeichnungssprache"), ein Datenübertragungsformat für das Internet, welches nicht nur in der Lage ist Daten zu präsentieren, sondern auch zur elektronischen Geschäftskommunikation eingesetzt werden kann.
So können sich Durch die mittlerweile stark ausgeprägte Infrastruktur des Internets auch kleinere Unternehmen am EDI beteiligen und mit Hilfe von XML ihre Daten zwischen verschiedenen Computersystemen transferieren.

4 Ziel und Aufbau der Arbeit

Diese Seminararbeit soll einen Überblick über den Elektronischen Datenaustausch mit Hilfe von XML geben. Weiterhin soll der Versuch unternommen werden, aufzuzeigen, wie XML in der Praxis eingesetzt wird.
Der Leser soll einen Einblick in den Elektronischen Datenaustausch und einen Einstieg in die Sprache XML bekommen. Anschließend werden dem Leser Anwendungsbeispiele und Einsatzmöglichkeiten aufgezeigt. Hierunter sind

---

[4] Vgl. Buxmann, Wüstner, Kunze; S.413-421
[5] Vgl. E-Procurement- Die richtigen Datenformate; S.24

besonders die wichtigen elektronischen Standards des XML/EDI Datenaustausches und deren unterschiedliche Einsatzgebiete zu verstehen. Aber auch andere Geschäftsmodelle (wie z.B. E-Procurement) sollen umrissen werden. Eine Fallstudie am Ende der Arbeit zeigt, wie ein Geschäftsmodell in der Praxis aussehen kann.
Die Arbeit schließt mit einem Fazit über die Entwicklung von XML/EDI- ab.

5 EDI

Im E-Business-Bereich spielt die elektronische zwischenbetriebliche Kommunikation eine wichtige Rolle.
Unter dem Begriff EDI (Electronic Data Interchange) wird der elektronische Datenaustausch zwischen Unternehmen verstanden. Hierunter fallen standardisierte Aufträge wie die Abwicklung von Bestellungen, die Erstellung von Rechnungen oder die Ausführung sonstiger Dienstleistungen.
„EDI steht für eine bestimmte Form der zwischenbetrieblichen Kommunikation, bei der geschäftliche und technische Daten sowie allgemeine Geschäftsdokumente wie Texte, Abbildungen und Grafiken nach standardisierten Formaten strukturiert und zwischen den Computern verschiedener Unternehmen unter Anwendung offener elektronischer Kommunikationsverfahren mit der Möglichkeit der bruchlosen Weiterverarbeitung ausgetauscht werden.“[6]
Hier wird noch einmal der Unterschied zu anderen Modellen und Formen deutlich. Im EDI-Bereich ist eine „Maschine zu Maschine“ Sender-Empfänger Beziehung möglich, während beim B2C Formen des „Mensch zu Mensch“ (z.B. E-Mail) oder Mensch zu Maschine (WWW) Anwendung finden.[7]
Ziel des Einsatzes von EDI muss die Minimierung von menschlichem Handeln sein. Die Daten sollten ohne den ständigen Wechsel verschiedener Medien

---

[6] Wüstner ,Erik ; S.66 ;zitiert aus: NEUBURGER,R;Electronic Data Interchange; (1994), S.6
[7] Vgl. Electronic Business (ebXML) Basics und Nutzen, S.2 ff.

(Papier, Datenformat) von Schnittstelle zu Schnittstelle fließen, so dass eine Weiterverarbeitung schnell und reibungslos erfolgen kann. [8]

Der Konvertierungsaufwand, sprich der menschliche Programmieraufwand der nur durch die Anpassung von Datenformaten entsteht, wird in einer typischen Firma laut der Gartner Group auf 35-40% des gesamten Programmieraufwandes geschätzt.[9]

Im besten Fall geht dieser Vorgang ohne jegliche Art der Konvertierung von statten, sprich ohne menschlichen Eingriff.

Dadurch können Prozesse stark automatisiert und die Durchlaufzeiten verringert werden.

Durch den Einsatz von VANs (Value Added Networks), die zur Datenübertragung eingesetzt wurden und deren Kosten nach Anzahl der gesendeten Nachrichten berechnet werden, stand den Unternehmen trotz Einsparpotentialen durch Automatisierung ein hoher Kostenfaktor gegenüber.

„So zahlte Mitte der 90er Jahre ein Unternehmen mit ca. 25.000 EDI Nachrichten zwischen 14.000$ und 25.000$ im Monat an seinen VAN-Provider“[10]

Daraus lässt sich schließen, dass bei den EDI Unternehmen die Verbesserung von Geschäftsprozessen und die Zeiteinsparung eine höhere Priorität hatten.[11]

Die nachfolgende Abbildung zeigt in vereinfachter Form den Ablauf einer EDI-Transaktion zwischen zwei Unternehmen.

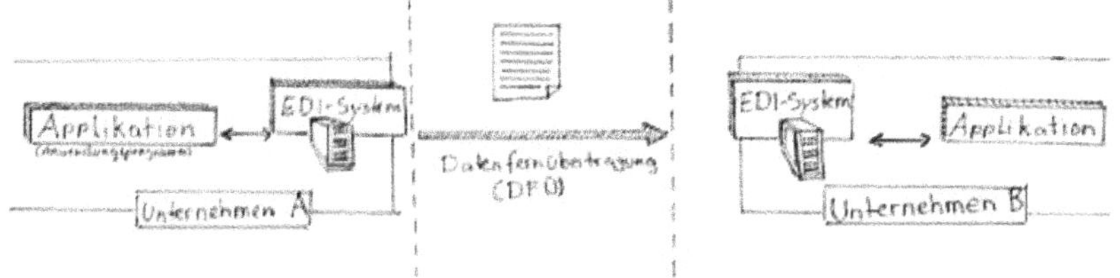

Abb. 1 EDI-Transaktion [12]

---

[8] Vgl. Reinhardt, Tobias S.4

[9] Vgl. Eberhart; Fischer; 2001; S.311

[10] Weitzel/ Harder/ Buxmann; S. 8 zitiert aus:
Curtis,C.(1996):EDI over the Internet: Let the games begin, in : Internetweek, Issue 627, 9. September1996

[11] Vgl. Weizel/ Harder/ Buxmann; S. 6ff.

[12] Vgl. Nomikos, Marina S.152

5.1 Standards

Die Kommunikationspartner (Unternehmen, Institutionen) müssen sich vor Anbahnung geschäftlicher Beziehungen auf die Festlegung eines gemeinsamen Datenformates einigen, damit es zum medienbruchfreien Datenaustausch kommt.

Walter Schulte-Vennbur, der Leiter des Bereichs Organisation der Actebis Holding GmbH erklärt folgendes zu dieser Problematik.

„Medienbrüche und manuelle Eingriffe, seien heutzutage angesichts der sensiblen, zeitkritischen Kundenanforderungen und daraus resultierenden wirtschaftlichen Nachteile nicht mehr vertretbar."[13]

Der Standardisierung kommt eine hohe Bedeutung zu, denn Wunsch vieler Unternehmen ist es, eine gemeinsame Grundlage zu schaffen, um der Vielzahl unterschiedlicher Datenrepräsentationen Herr zu werden.

„Mit ihrer gemeinsamen Nutzung wird im Allgemeinen das Ziel verfolgt Transaktionen auf unterschiedlichen Ebenen zu vereinfachen."[14]

Hier wird das Problem deutlich, denn durch die Masse an weltweit unterschiedlichen Branchen und Geschäftszweigen besteht auch eine hohe Inkompatibilität zwischen den auszutauschenden Daten der Unternehmen.

Ein wichtiges Kriterium für die Wahl des richtigen Standards, ist die Häufigkeit, in der dieser genutzt wird.

Im Jahre 1987 entstand der UN/EDIFCT- (Electronic Data Interchange for Administration Commerce and Transport) Standard, der noch bis heute im klassischen EDI Anwendung findet.

Er entstand aus der Notwendigkeit heraus, „die zumeist belegorientierte Abwicklung der Geschäfte zwischen Unternehmen und Behörden durch einen normierten elektronischen Datenaustausch zu ersetzen."[15]

Der EDIFACT Standard zeichnet sich durch seine besondere Komplexität aus, da er branchenübergreifend ist und weltweite Gültigkeit besitzt.

---

[13] Wüstner ,Erik S.93
[14] Friese, Jörg; S.28
[15] Manninger; Göschka; Schwaiger; S.144

Weitere bekannte Standards, die sich je nach Branche oder Region unterscheiden lassen, sind zum Beispiel ANSI X12 (EDI- Standard für Nordamerika); SWIFT (Banken) oder VDA (Deutsche Automobilindustrie)
Unterteilt man einen Standard im E-Business Bereich in eine horizontale und eine vertikale Sicht, so müssten sich die Geschäftspartner bei der Horizontalen Sichtweise Klarheit zwischen den Produkten verschaffen
(z.B. Produktbeschreibungen anhand von Klassifizierungen), während man bei der vertikalen Sichtweise eine weitere Unterteilung vornehmen kann.[16]
Kommunikationspartner die einen gemeinsamen Standard Nutzen wollen, legen sich bei seiner genaueren Betrachtung auf drei wichtige Merkmale fest. Die Unternehmen müssen sich auf ein einheitliches Datenaustauschformat einigen; die Schnittstellen, an denen die Daten übergeben werden, müssen klar definiert sein und es muss Einigkeit über die Frameworks herrschen (Unter den Frameworks kann die Infrastruktur, in der sich die Geschäftsprozesse abspielen, verstanden werden.)[17]

5.2 Ebenen der EDI Standardisierung

Die folgende Unterteilung liefert eine detaillierte Übersicht, wie eine Standardisierung zwischen heterogenen Kommunikationspartnern stattfinden kann.

1. Geschäftskontext
Der Geschäftsprozess muss im Vorfeld definiert sein und es muss Klarheit in der zu benutzenden Semantik herrschen (Geschäftsvokabular).
2. Transfersyntax & Nachrichtendesign
Hierunter wird verstanden, auf welches Format sich die Parteien festlegen. Wie sollen die Nachrichten aussehen und welche Daten sollen hierfür verwendet werden?
Als Beispiel könnte man Buchstaben verstehen, die durch ein vorher definiertes Vokabular (Ebene 1) transportiert werden.

[16] Vgl. Dorloff, Frank Dieter; S.46
[17] Vgl. Merz ; S16

3. Kommunikationsprotokoll

Wie erfolgt die Übertragung der Daten zwischen Sender und Empfänger?[18]

Dieses Modell soll als Grundlage für jeglichen Standardisierungsvorgang dienen, der in dieser Arbeit angesprochen wird.

5.3 Gegenüberstellung der Vorteile und Nachteile

Zu den Vorteilen einer EDI Nutzung steht an erster Stelle der direkte Nutzen durch Kosten- und Zeitersparnisse.

Hieraus lassen sich indirekte Vorteile ableiten, wie die Optimierung der internen und externen Geschäftsprozesse (z.B. die Möglichkeit der Einführung von „Just in Time").

Ein langfristiger strategischer Nutzen wird durch hohe Marktanteile und eine Festigung in bestehenden Märkten (Bildung starker Allianzen/Partnerschaften, die durch einheitliche EDI Standards kommunizieren) erreicht. Auch lässt sich eine hohe Kunden- und Lieferantenzufriedenheit feststellen.

Auf der Gegenseite schlagen sich hauptsächlich Kostenfaktoren nieder, welche sich in fixe und variable Kosten unterteilen lassen.

Zu den fixen Kosten zählen die einmaligen Einführungsausgaben zur Einrichtung der Hard- und Software. Weiter die Anpassungskosten, um das EDI System in die bestehende Computersysteme zu integrieren, sowie Kosten für die Schulung von Mitarbeitern.

---

[18] Vgl. Electronic Business (ebXML) Basics und Nutzen, S.4 ff.

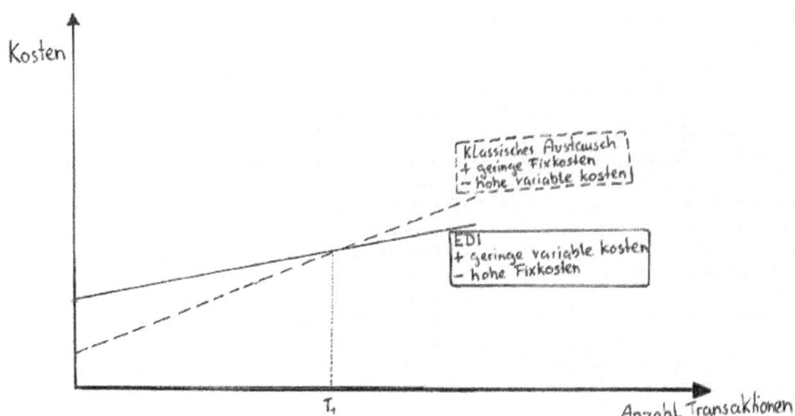

Abb. 2 EDI-Auswirkungen auf Kostenstruktur [19]

Abbildung 2 zeigt den Vergleich der Kostenstruktur des Datenaustausches eines Unternehmens mit EDI-Anwendung und eines ohne EDI-Anwendung.
Je höher die Anzahl der Transaktionen ist, desto mehr empfiehlt sich ein EDI-System. Obwohl die Einrichtungskosten zu Beginn höher sind als bei einer klassischen Lösung, zeichnet sich ein solches EDI System durch geringere variablere Kosten aus.
Zu den laufenden Kosten sind insbesondere bei der Nutzung von VAN die Übertragungskosten zu nennen. Ebenfalls nachteilig wirkt sich der komplizierte Aufbau dieser aufwändigen Punkt-zu-Punkt-Verbindungen aus, der bei Neueintritt eines Partners aufwendig angepasst werden muss. Deswegen kann man klassische EDI Systeme im Vergleich zu XML/EDI als starr bezeichnen. Als weitere laufende Kosten fallen Wartungskosten, Ausgaben für Betrieb und Pflege des Systems und Kosten der laufenden Fortbildung an.[20]
Da besonders bei kleinen Unternehmen ein geringeres Transaktionsvolumen vorherrscht, ist es problematisch, diese hohen Fixkosten schnell abzudecken.
Ebenfalls kann es für KMU nachteilig sein, einen passenden Standard zu finden, da es mittlerweile eine sehr hohe Anzahl unterschiedlicher Standards

[19] Vgl. Nomikos, Marina; S.154
[20] Vgl. Wüstner ,Erik S.80 ff.

gibt. Meist müssen sich die KMUs an den großen Unternehmen orientieren. Es besteht ein regelrechter Zwang.

So können sich diese Unternehmen an einem so genannten Netzeffekt beteiligen. Dieser ist umso größer, je mehr Kommunikationspartner sich auf einen Standard einigen. Ein KMU ist wohl nicht in der Lage der mächtigeren Konkurrenz einen Standard zu diktieren.[21]

Im Umkehreffekt können große Unternehmen, die für ihre kleineren Geschäftspartner einen XML Standard integrieren, von einer verbesserten Wertschöpfungskette ausgehen, von der dann auch wieder die „Small und Medium Business" Partner profitieren.[22]

6 XML

XML steht für Extensible Markup Language (etwa: erweiterbare Auszeichnungssprache) und wurde 1998 vom W3C (World Wide Web Consortium) verabschiedet.

Das W3C ist ein internationales Konsortium, welches auch schon für die Veröffentlichung von HTTP, HTML und CGI verantwortlich war.[23]

So verwundert es nicht, dass diese Sprache aus den bisherigen Erfahrungen von SGML und HTML entwickelt wurde.

Da XML-Dokumente von Maschinen gelesen werden können, ist diese Technologie besonders für den Einsatz in EDI interessant.

Seine flexiblen Eigenschaften (Anpassung an individuelle Bedürfnisse) und die Tatsache, dass XML system- und firmenunabhängig ist, macht XML für KMU interessant. Als ein starres Format könnte man beispielsweise Microsoft Words „Doc" ansehen.[24]

---

[21] Vgl. Wüstner ,Erik S.93 ff.
[22] Vgl. Eelectronic Data Interchange ; S.40 ff
[23] Vgl. Botto, Francis; dictionary of E-Business; 2. Auflage; 2003; S.357
[24] Vgl. Hentrich, Johannes

6.1 Beschreibung

„Diese Sprache definiert eine generische Syntax, mit deren Hilfe sich Daten mit einfachen, vom Menschen lesbaren Tags auszeichnen lassen. Sie stellt ein Standardformat für Computerdokumente bereit."[25]

XML stellt eine MetaSprache dar; eine Sprache zur Definition von Sprachen. Es lassen sich im Gegensatz zu anderen Auszeichnungssprachen, wie z.B. HTML, eigene Tags (Auszeichnungen von Daten) erstellen.

„Aufgabe von XML ist die Aufbereitung von Informationen, damit diese leicht weiter verarbeitet werden können."[26]

Als XML-Basisfunktion lässt sich vereinfacht sagen, dass XML ein Dokument hierarchisch gliedert und die Möglichkeit einräumt die einzelnen Teile zu benennen.[27]

6.2 Ziele

Laut der W3C wurden folgende Ziele für XML festgelegt.

1. *XML soll sich im Internet auf einfache Weise nutzen lassen*
2. *XML soll ein breites Spektrum an Anwendungen unterstützen*
3. *XML soll zu SGML kompatibel sein*
4. *Es soll einfach sein, Programme zu schreiben, die XML Dokumente verarbeiten*
5. *Die Anzahl optionaler Merkmale in XML soll minimal sein, bestenfalls Null*
6. *XML Dokumente sollten für Menschen lesbar und angemessen verständlich sein*
7. *Der XML Entwurf sollte zügig abgefasst werden*
8. *Der XML Entwurf sollte formal und präzise sein*
9. *XML Dokumente sollen leicht zu erstellen sein*
10. *Knappheit von XML Markup ist von minimaler Bedeutung*[28]

---

[25] Harold; Means; S.3

[26] Schuhmacher,Nils 2006; Dissertation; S.66 zitiert aus (Pott und Wielange 1999, S.50)

[27] Eberhart; Fischer; 2001; S.310

6.3 XML Grundlagen

Diese Arbeit kann nur einen vereinfachten Überblick über XML bieten. Für detaillierte Informationen sei auf die Fachliteratur verwiesen.
XML zeichnet sich besonders dadurch aus, dass so eine formale Trennung von Inhalt, Struktur und Format möglich ist.[29]
Dadurch sind der Inhalt und die Struktur nicht gleich der Darstellungsweise.
So wird zum Beispiel eine Trennung zwischen dem Layout und der Struktur durchgeführt, welches die Abhängigkeit zu einem bestimmten Ausgabenformat (z.B. Papier) löst.
XML setzt sich zusammen aus Tags (Textmarkierungen/ Datenauszeichner), Attributen (Eigenschaft eines Tags), den Elementen (Gesamtheit von Tag und Inhalt), den Entities (Sonderzeichendarstellung) und der DTDs.
XML Dokumente bestehen aus einzelnen, beliebig vielen XML- Elementen, die frei benannt werden dürfen und die jeweils von einem Start-Tag und einem Tag eingebettet sind. Durch diese Art der Verschachtelung wird die Struktur der Daten abgebildet.
Durch die frei definierbaren Tags unterscheidet sich die Sprache von HTML.
Die nachfolgende Abbildung zeigt die Struktur eines stark vereinfachten XML-Dokumentes:

Abb.1

<?xml version="1.0"?>
<ARTIKEL>
<AUTOR> Schuhmacher, Nils </AUTO>
<TITLE> EDI via XML
</XML>
</ARTIKEL>

Die Struktur lässt sich unterteilen in Prolog, Wurzelelement und Kommentare.
Die XML-Syntax muss sich an ein paar wenige, aber wichtige Regeln halten.

---

[28] XML in 10 Points
[29] Vgl. Reusch; Hildebrand; Wilke; S. 17

Diese Regeln fallen unter die Bezeichnung „Wohlgeformt".

- Jedes Tag, z.B. <Lieferdatum>, muss auch wieder geschlossen werden. </Lieferdatum>
- Die Verschachtelung muss sauber sein; Tags dürfen sich nicht überkreuzen und es muss ein Wurzelelement existieren, welches den übrigen Inhalt mit seinen Tags komplett einschließt. Im obigen Beispiel <ARTIKEL>
- Attribut-Werte müssen in doppelter Anführungsklammer stehen „2.0"
- Für die „markup" sind spezielle Zeichen reserviert, die nur dort Anwendung finden dürfen. z.B. ",>,<,&
- XML ist „case-sensitiv", es wird zwischen Groß- und Kleinschreibweise unterschieden.[30]

Im Vergleich zu einer EDI-Nachricht, in der der Inhalt über eine Elementenreihenfolge angezeigt wird, ist der Code einer XML-Nachricht leichter verständlich. Deswegen gilt XML als selbstbeschreibend und kann auch von Menschen gelesen werden.

Zur grafischen Präsentation bedient sich XML des Stilelementes (engl. Stylesheet). Die Darstellungsregeln für das Dokument werden mit Hilfe dieser Formatvorlage festgelegt. So wird das XML Dokumenten-Layout definiert, ohne dass ein Bezug zu den unendlich vielen Tags hergestellt werden muss.[31]

6.4 DTD

Wie im vorherigen Abschnitt gesehen, folgt XML Regeln, durch welche es möglich ist, eine eigene Auszeichnungssprache zu entwerfen.

Sowohl unter der DTD und dem im nächsten Abschnitt behandelten Schema lassen sich auch Standards verstehen, die der Definition der Sprache an sich dienen. Dieser „Sprachstandard" darf nicht mit den Standards für den Geschäftsdatenaustausch gleichgesetzt werden.

Mit Hilfe der DTD (Document Type Definition) wird festgelegt, welche Tags denn eigentlich benutzt werden können.

---

[30] Vgl. SELFHTML;

[31] Vgl. Weitzel/ Harder/ Buxmann ;2001; S. 38 ff.

Außerdem wird in der DTD bestimmt, welche und wie viele Elemente mit welchen Elementtypen und welchen Attributen enthalten sein dürfen und wie diese angeordnet sein sollen.

Hier wird ein Vokabular festgelegt, sozusagen eine Grammatik. Es wird das „Wie“ des XML definiert.

Die Validierung findet in der Dokumenteninstanz statt, welche sich im XML-Dokument befindet und durch ein „DOCTYPE“ gekennzeichnet ist.[32]

Es besteht aber auch die Möglichkeit, dass ein DTD an einem anderen Ort abgelegt ist.

Für die Überprüfung des Dokumentes wird ein so genannter Parser benötigt.

„Dabei handelt es sich um eine Software, die XML-Dokumente liest und deren Inhalt und die Struktur verfügbar macht.

Der Parser liest eine XML-Datei, trennt das Markup vom Inhalt und gibt den Inhalt an die Softwareanwendung weiter, die ihn benötigt und weiterverarbeiten soll.“[33]

Er überprüft das Dokument auf seine Wohlgeformtheit und auf seine Gültigkeit (Regelkonform mit der DTD?).

Mittlerweile verfügt fast jeder gängige Internet Explorer über einen XML-fähigen Parser. Generell sind in den meisten Webbrowsern und Office-Paketen, Schnittstellen zu XML vorhanden, so dass eine Datenkonvertierung reibungslos vonstatten geht.

---

[32] Weitzel/ Harder/ Buxmann ;2001; S. 25 ff.

[33] Weizeil/ Harder/; 2001; S. 21

6.5 XML-Schemata

Eine neuere Alternative zu DTD stellt das XML Schema dar, welches ebenfalls die Beschreibung einer XML-Dokumenten Struktur vornimmt.
Das XML Schemata wurden vom W3C aus der Notwenigkeit heraus entwickelt, bestimmte DTD Nachteile zu beheben.
Wie eine DTD ist ein XML Schema verantwortlich für die Definition von Elementen und Attributen. Die Syntax wird durch das XML-Schema bestimmt.
Im Gegensatz zur DTD unterstützt das XML Schema Datentypen (Einfacher Datenumgang), es wird eine XML Syntax benutzt (DTDs sind kein XML-Dokument) und die Erweiterung der Schemas ist gewährleistet.
Das XML-Schema basiert auf XML. Dadurch unterliegt es ebenfalls den gleichen Regeln und kann so leichter angewendet werden.
Mittlerweile ist das XML-Schema die gängigere Form, die Grammatik in den Standards eines Dokumentes zu definieren.[34]

7 XML/EDI

Unter XML/EDI ist elektronsicher Datenaustausch durch XML basierte Vokabulare zu verstehen. XML/EDI entspringt der Idee von Davis R. Webber.[35]
XML/EDI ist somit die Grundlage für offene XML Standards die zur Unternehmenskommunikation benutzt werden können. Als Kommunikationsbasis dient die stark vernetzte Infrastruktur des Internets
Die Einrichtung aufwändiger technischer VAN-Netze ist nicht nötig. Technische Vorraussetzung sind auf Server Seite ein Internetzugang, ein Java-fähiger Webserver und ein 32-Bit Betriebsystem (z.B Windows). Auf der Client-Seite genügt ein Open-Source Webbrowser (z.B Firefox).[36]

---

[34] Vgl Amrhein, Beatrice
[35] Vgl. Chiu, Eric; 2002; S. 19
[36] vgl Schuhmacher,Nils;; 2006; Dissertation; S.66 zitiert aus (Pott und Wielange 1999, S.65)

Zusätzlich dient die Sprache XML als Beschreibung der spezifischen Geschäftsdokumente. (Unter einem Geschäftsdokument lässt sich beispielsweise eine Bestellung oder eine Rechnung vorstellen).
„XML/EDI will run on the Web where the Internet can be used as the conduit to replace the expensive value-added networks (VANs) for communicating EDIFACT messages.“[37]

7.1 Abgrenzung Internet-EDI; WEB-EDI, Web-Services

Im folgendem wird eine Abgrenzung zu den Begriffen Internet-EDI und Web-EDI vorgenommen.
Beide Verfahren haben starke Gemeinsamkeiten mit dem klassischen EDI oder XML/EDI, bieten aber dennoch Differenzierungsbedarf.
Bei der Internet-EDI Methode wird das Internet als Datenstraße benutzt. Bei diesem Verfahren werden die Nachrichten im Anhang einer E-Mail oder mittels eines FTP (File Transfer Protocol), dem Internetdienst E-Mail, verschickt.
Für diesen Punkt-zu-Punkt-Verkehr bedarf es präziser vorheriger Festlegungen der Unternehmen.
Dieses Verfahren zeichnet sich durch seine hohe Sicherheit aus, hat aber bis auf den unterschiedlichen Datenübertragungsweg keine wesentlichen Abweichungen zum klassischen EDI.
Bei WEB-EDI wird die Ausführung einzig und alleine durch die Client-Seite bestimmt.
Die Eingabe erfolgt über grafische Formulare, die auf der Seite des Anbieters erstellt sind. Einzige Vorraussetzung ist die Client-seitige Verfügbarkeit eines Browsers. Web-EDI findet häufig Anwendung in Online-Shops und ist besser für den B2C Bereich geeignet.[38]
Diese Alternative wird als recht unflexibel angesehen, stellt aber eine wirkungsvolle Alternative für kleinere Unternehmen dar, die selten Daten versenden.

[37] Buxmann, Wüstner, Kunze; Wirtschaftsinformatik (2005) 6; S.413-421
[38] Vgl. Neuburger, Rahild; 2003; S.347

Unter Web-Services wird keine eigenständige Technologie verstanden, sondern vielmehr ein Konzept, welches aus bereits bestehenden Technologien neue Möglichkeiten erzeugt. Mit Hilfe dieser Art von Softwarebausteinen können mittels Kommunikationsschnittstellen, die Grenzen der Plattform-, Standort- und Programmabhängigkeit überwunden werden.[39]
Basis ist die Zerlegung bereits bestehender Technologien in einzelne, funktionale Komponenten, welche dann bestimmte Funktionalitäten einem Service zu Verfügung stellen. Diese Funktionen werden im Internet angeboten und lassen sich über einen URL finden. Web Services machen sich die Technologien SOAP (Definition von Struktur und Verarbeitungsanweisungen), WSDL (Schnittstellen-Beschreibung eines Web-Service) und UDDL (Web-Service Online Katalog zur Suche und Veröffentlichung von SOA Komponenten) zunutze. [40]
Durch Web-Services können neue Kommunikationssprachen entwickelt werden.
„Jedes E-Business-System transferiert seine Sprache in die der Webservices und kann mit anderen Systemen über diese Services kommunizieren".[41]
Web-Services bieten für KMUs demnach zwei wichtige Vorteile.

1. Für den Datenaustausch werden Kommunikationsschnittstellen benutzt, für die keine Datenkonvertierungen in Standards erforderlich sind
2. Erweitertes Serviceangebot, durch die Nutzung bestehender Kommunikationsschnittstellen anderer Unternehmen[42]

7.2 Vergleich von XML/EDI mit klassischem EDI

Die Vorteile von XML/EDI liegen in der leichteren Handhabung der Nachrichten. Diese setzt sich aus den flexiblen Definitionsmöglichkeiten und der hohen Softwareverbreitungsdichte (höheres Angebot XML-fähiger Programme) zusammen.

---

[39] Vgl. Neuburger, Rahild; 2003; S.349
[40] vgl. Schuhmacher,Nils; 2006; Dissertation; S.66 zitiert aus (Pott und Wielange 1999, S.61 ff)
[41] Webservice
[42] vgl. Neuburger, Rahild; 2003; S.349

Kurzfristige Geschäftspartner können mittels XML flexibler und schneller in eine Geschäftsbeziehung eingebunden werden, als mit es mit konventionellen EDI-Möglichkeiten der Fall ist.[43]

EDI/XML kann im Vergleich zu EDI besonders durch die geringen Anschaffungskosten und den kleinen Implementierungsaufwand überzeugen. Abbildung 3 macht deutlich, in welcher Relation die fixen und variablen Kosten von XML/EDI, EDI und dem klassischen Geschäftsnachrichtenaustausch stehen.

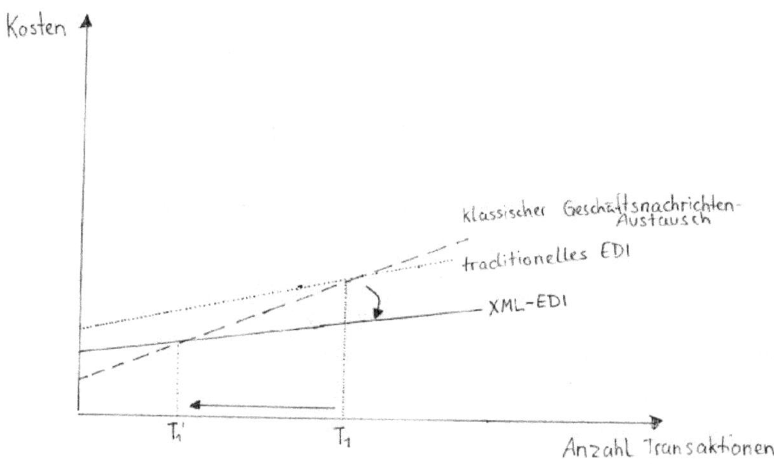

Abb.3 Auswirkungen von XML/EDI auf Kostenstruktur[44]

Es zeigt sich eindeutig, dass die Kosten von XML/EDI in Abhängigkeit der Anzahl von Transaktionen am geringsten sind.

Somit lässt sich die Aussage definieren, dass bei hohen Transaktionsvolumen eine Nutzung von XML/EDI am effizientesten ist.

Als nachteilig lässt sich der erhöhte Speicherbedarf ansehen. Eine XML-Datei ist um bis zu einem Faktor von 20 bis 100 größer, als eine vergleichbare EDIFACT-Datei.[45]

---

[43] vgl. Wannenwetsch, Helmut; 2005; S.35

[44] vgl. Nomikos, Marina; 2002; S.158

[45] vgl. Scheckenbach; Zeier; 2.Auflage; 2002; S.166

In Zeiten immer größere Festplatten gewichtet das aber nicht besonders schwer.

Das folgende Beispiel macht diesen höheren Datenbedarf im Vergleich zu EDI deutlich.

Die gleichen Informationen verbrauchen in XML den meisten Platz.

1. Klartext

Anschrift: RheinAhrCampus Remagen, Südallee 2, 53424 Remagen

2. EDI

N3 RheinAhrCampus Remagen*

N4 Südallee 2 53424 Remagen*

3. XML

<AdressInformation>RheinAhrCampus Remagen</AdressInformation>

<GeograficLocation>

<StadtName>Remagen</StadtName>

<Strasse>Südallee 2</Strasse>

<Postleitzahl>53424</Postleitzahl>

XML erlaubt es unterschiedliche Datenformate auszutauschen (z.B.CAD-Dateien, Röntgenbilder), während EDI speziell für Geschäftsdaten entwickelt wurde.[46]

Somit ist XML viel anpassungsfähiger und einfacher im Gebrauch. Aber diese Flexibilität und das Fehlen von Grenzen hat seine Nachteile. Ein Hauptproblem ist die Zersplitterung in verschiedene Interessengemeinschaften - jede mit einem eigenen XML Dialekt. Das erklärt die große Menge an Standards, von denen einige in dieser Arbeit noch vorgestellt werden.

Durch diese hohe Flexibilität und den einfachen Umgang mit XML befürchten Experten demnach ein Überangebot von Standards (Wildwuchs).[47]

In „ebXML Simplefied" wird ein Wirtschaftsbetrachter zitiert, der diese Aufteilung in Unmengen verschiedenster XML-Standards kritisiert, da es so zu ernsthaften Verzögerungen bei der Standard-Einführung in eine B2B-Umgebung kommen

---

[46] Vgl. Grandjot; Benninger; 2001;S. 43

[47] Buxmann, Wüstner, Kunze, S.2

kann. Weiterhin bemängelt er, dass es Anbieter und Verbände wie beispielweise RosettaNet, das World Wide Consortium, Commerce One und Ariba gibt, welche alle unterschiedliche XML-Versionen anbieten und unterstützen.[48]

Im Anhang ist eine tabellarische Gegenüberstellung der XML und EDI Vorteile enthalten.

8 XML – Standards

Nachdem im vorherigen Abschnitt mit XML die Syntax vorgestellt wurden ist, wird im Folgenden eine Auswahl der wichtigsten XML-Standards vorgestellt. Diese betreffen die Semantik.

Es lassen sich grundsätzlich zwei verschiedene Wege beschreiben, aus welcher Quelle ein XML-Standard entstehen kann. Er kann aus einer XML-Community heraus entwickelt werden. Hierbei werden die Dokumentenstrukturen von Geschäftsdokumenten für spezielle Unternehmensanwendungen konfiguriert (z.B. bei XCBL). Er kann durch so genannte XML-Repositories, in denen XML-Spezifikationen (z.B. DTDs, XML-Schemata) gesammelt werden oder durch die Entwicklung von XML/-EDI Frameworks (Festlegung kompletter Geschäftspozesse), entstehen.

Der andere Weg beschreibt die Entwicklung aus einer bestehenden EDI-Gemeinschaft. Hierunter könnte man auch die Migration von EDI zu XML verstehen.[49] Da XML auch über traditionelle Netze (z.B. VANs) ausgetauscht werden kann.[50]

Im Folgenden wird eine Unterteilung je nach Standardisierungskonzept vorgenommen.

Dabei wird unterschieden in Frameworks (Erstellung einer Infrastruktur für Geschäftsprozesse und Nachrichtenaustausch); Functions (Vorlagen, die über

48 Chiu, Eric; 2002; S. 19
49 Vgl. Reinhardt, Tobias2007; S.29 ff
50 Buxmann, Wüstner, Kunze, S.2

die Grenzen spezieller Branchen angewendet werden können) und den Verticals (Nachrichtenaustausch innerhalb einer Branche).[51]

Ein Standard lässt sich meist nur auf eine dieser drei „Kategorien“ anwenden und spricht nicht alle gemeinsam an.

Da das W3C Consortium mehr als Hundert XML Standards verzeichnet hat, werden hier nur die bedeutesten Standards aufgezeigt.[52]

Als Grundlage soll folgende Definition Anwendung finden.

„Ein Standard für den elektronischen Datenaustausch wird allgemein als eine Grundlage definiert, die es ermöglicht, in Unabhängigkeit von verwendeten Systemen, Architekturen und Anwendungen Informationen zwischen Handelspartnern auszutauschen.“[53]

Einer englischsprachigen Definition zu Folge ist ein Standard, der Versuch ein verbreitetes spezielles Format zu erschaffen, welches es erlaubt, Software unterschiedlicher Nutzer zu vereinigen. Meistens in der „vertical industry“.(z.dt. vertikale Branchen).[54]

Die Einigung zwischen Unternehmen auf einen gemeinsamen Standard ist sozusagen eine Absprache, welche Wörter der XML-Sprache ausgetauscht werden können.

8.1 Frameworks

Frameworks sprechen die gesamte Prozessebene an, dadurch ist deren Form die allgemein Geläufigste.[55]

Hierbei werden auf abstrakte Art und Weise komplexe Geschäftsabläufe zwischen den Kommunikationspartnern definiert.

Dabei liegt ein wichtiger Punkt in der Ausgestaltung von zukünftigen Vorgehensweisen, Regeln und der Rollendefinitionen.

---

[51] Vgl Ruder, Jan

[52] Vgl. Trogner, Dagi; 2005; S.16

[53] Trogner, Dagi; 2005; S.6; Vgl.: Vgl. Nurmilaakso 2004, S.7.

[54] Vgl. Chiu, Eric; 2002; S. 15

[55] Vgl. Ruder, Jan

Legt man als Beispiel den Prozess „Bestellung" zu Grunde, müssen auch unternehmensintern Rollen definiert sein, die diese Bestellung ausführen dürfen. Während der Geschäftsablauf beim Lieferanten ebenfalls exakt ausformuliert werden muss.[56]

8.1.1 RosettaNet

Das unabhängige Non-Profit-Konsortium RosettaNet, welches sich aus wichtigen Mitgliedern, wie z.B. Schenker, Sun oder Microsoft zusammensetzt, ist für die Entwicklung zahlreicher E-Business-Sprach-Standards, die sich entlang der Supply Chain von Electronic Components (EC) und Information Technology (IC) bewegen, verantwortlich. Durch die ungenaue spezifische Zuordnung könnte auch eine Einteilung bei den Verticals geschehen.

Der Austausch zwischen den Systemen basiert auf der Annahme einer hierarchischen Struktur und hat starke Ähnlichkeit mit der menschlichen Kommunikation.

Ausgangspunkt für die Kommunikation sind zwei Server, die über das Internet miteinander kommunizieren. Die für die Kommunikation notwendigen Buchstaben liefert HTML/XML. RosettaNet liefert zusätzlich ein MasterDictionary mit, welches ein Wörterbuch (dictonary), ein Rahmenwerk (framework), eine Prozessschnitstelle (Partner Interface Processes – PIPs) und die Definition der Geschäftsprozesse enthält.

„RosettaNet umfasst hierbei nicht nur die Festlegung eines Nachrichtenformats, sondern auch die Gestaltung von Regeln und Abläufen für Transaktionen zwischen Handelspartnern."[57]

Mit Hilfe der PIPs soll es der gesamten IT-Branche möglich sein, auf gemeinsamer Ebene miteinander zu kommunizieren.[58]

Die PIPs (XML basierte System-zu-System-Dialoge), welche einer ständigen Weiterentwicklung unterliegen, stellen den Mittelpunkt dieser

---

[56] Vgl. Trogner, Dagi; 2005; S.6; Vgl.: Vgl. Nurmilaakso 2004, S.8.
[57] Vgl. Trogner, Dagi; 2005; S.41.
[58] Vgl. Weitzel/ Harder/ Buxmann; 2001; S. 127 ff

Kommunikationsform da. Sie werden für die unterschiedlichsten Geschäftsprozesse angewendet.
Die wesentlichen Aufgaben der PIP lassen sich wie folgt bezeichnen.

1. Jedem Geschäftspartner eines Handelsprozesses wird eine definierte Rolle zugeteilt.
2. Jede dieser Rollen ist für verschiedene Aktivitäten verantwortlich.
3. In den Spezifikationen (welche von der RosettaNet Website geladen werden können), sind je nach Geschäftsprozess verschiedene Dokumentenarten enthalten. Diese geben die Nachrichtenstruktur wieder.
4. Die Attribute (z.B. Reaktionszeiten, Authentifizierung usw.) des Nachrichtenaustausches sind in den PIPs definiert.[59]

Unter www.rosettanet.org ist der Online Auftritt des Standards zu sehen.

8.1.2 BizTalk

Bei Microsofts BizTalk handelt es sich um keine eigentliche XML-Anwendung, da hier eher eine Infrastruktur bereitgestellt wird, mit der unterschiedliche Geschäftsdokumente auf XML Basis versendet werden können.
BizTalk ist sozusagen eine Ansammlung von Richtlinien, wie man eigene XML Entwürfe veröffentlicht und diese Entwurfs-Typen dann benutzt, um auch komplexere Geschäftsvorgänge zu ermöglichen.[60] Eine weitere Aufgabe stellt die Integration verschiedener E-Business- Anwendungen (EAI) dar. [61]
BizTalk setzt sich zusammen aus dem XML-Framework (welches nicht der Standard ist, sondern die XML-Formatvorschriften definiert), dem XML-Schemata-Portal (Beschreibung Geschäftsdokumente) und dem BizTalk Server (Dokumentenversand).
Der BFC Server führt den Kommunikationsvorgang aus, indem er die BizTalk Nachrichtenübersetzung und deren Transport übernimmt.
Unter dem XML-Schemata Portal ist eine Library zu verstehen, welche aus einer XML-Schemata Sammlung besteht, die von verschiedenen Unternehmen

[59] Vgl. Trogner, Dagi; 2005; S.46 ff
[60] Vgl. Chiu, Eric; 2002; S. 17
[61] Vgl. Weitzel/ Harder/ Buxmann; 2001; S. 80

dort eingespeist wurde. Unter www.biztalk.org können diese eingesehen werden.
BizTalk lohnt sich besonders für Unternehmen die bereits Microsoft-System Lösungen nutzen. Eine zusätzliche Nutzung ist mit geringem Aufwand und Kosten verbunden.[62] Der Anbieter Microsoft setzt somit auf langfristige Bindungen.

8.1.3 ebXML

Unter ebXML wird eine Methoden- und Spezifikationensammlung für den standardisierten und elektronischen Geschäftsnachrichtenaustausch auf XML-Basis verstanden, mit dem Ziel auch Prozesse in einer einheitlichen strukturierten Methodik abzubilden.
ebXML lehnt sich im Bereich der Nachrichtentypen und der Prozessmodelle stark an die klassischen EDI-Typen an. So sind die Migrationsprobleme bei bisherigen EDI-Anwendern als eher gering einzustufen.[63]
Weitere Informationen können unter www.ebxml.org eingesehen werden.

8.2 Functions

Zu den Functions zählen Standards, die branchenübergreifend ausgetauscht werden können. Es werden hiermit Vorlagen und auch Bausteine für spezifische Geschäftsdokumente erstellt. Im Mittelpunkt der Betrachtung steht somit die Datenebene.
Viele dieser Vorlagen haben große Ähnlichkeiten mit EDI-Nachrichtentypen, so dass der nachfolgende Standard XCBL hierzu gezählt wird. Obwohl dieser Eigenschaften eines Verticals enthält.

---

[62] Vgl. Trogner, Dagi; 2005; S.30 ff
[63] Vgl. Scheckenbach; Zeier –2.Auflage; 2002; S.185 ff

8.2.1 XCBL

Unter XCBL wird ein weltweiter Standard verstanden, der von Commerce One. Inc. entwickelt wurden ist. CBL steht für Common Business Library und das X stellt den Bezug zu XML dar.

Ziele von XCBL war es, die Stärken von XML mit den Stärken von EDI zu kombinieren.

XCBL findet Anwendung bei branchenübergreifenden Bestellvorgängen inklusive Rechnungserstellung. XCBL legt seinen Fokus auf die Bereiche Supply Chain, Handel und Finanzen.

XCBL, dass momentan in der aktuellen Version 4.0 verfügbar ist, beinhaltet ein großes Repertoire XML basierter Geschäftsdokumente, während die Geschäftsprozesse nicht im Einzelnen festgelegt werden. Generell erfolgt die Beschreibung der Daten anhand der DTD, in diesem Fall anhand der Spezifikation von SOX (Schema for object oriented XML).

In so genannten Building Blocks werden durch XML –Module Bestellungen, Rechnungen usw. generiert. Diese können je nach eigenen Anforderungen erstellt werden, oder bereits bestehende aus der Elementenbibliothek von www.xcbl.org herunterladen.

Der Inhalt, für den XCBL Definitionen bereitstellt und der Transport unterliegen einer strikten Trennung.

Das macht den Unterschied zu XCML deutlich, welches zusätzlich Transportregelungen beinhaltet.

Eine XCBL Datei besteht aus folgenden 3 Abschnitten.

- Header (Geschäftsrahmendaten)
- Detail (hauptsächlichen Bestelldaten)
- Summary (Verechnung)

XCBL lohnt sich besonders für Unternehmen, die ein bestehendes EDI-System nutzen und eine Anpassung auf XML durchführen wollen.[64]

[64] Vgl. Trogner, Dagi; 2005; S.23 ff

8.3 Verticals

Diese Bezeichnung klassifiziert Standards die innerhalb einer Branche; entlang der Supply Chain, Anwendung finden.
Diese Art von Standards besitzt das größte XML-Vokabular. Gründe für deren besonders hohe Verbreitung ist die einfachere Anwendungsform, Flexibilität und Funktionalität, da man sehr leicht mit etwas XML-Basiswissen seine eigene XML-Sprache entwickeln kann.[65]
Nachfolgend werden zwei dieser Standards kurz umrissen.

8.3.1 CML

Dieser Standard findet speziell in der Industrie Anwendung. CML steht für Chemical Markup Language. Mit diesem Standard ist es möglich komplexe chemische Formel zu beschreiben. (HTML-der Moleküle).
Weiter Informationen findet man unter *www*.cml.sourceforge.net.

8.3.2 FinXML

FinXML wurde als Standard, für die Integration und den Austausch der digitalen Informationen in den Finanzmärkten entwickelt.[66]
Der Standard der besonders von Vertretern der Bankenbranche genutzt wird, wurde 1999 von Integral Development Corp entwickelt.
Weiter Informationen findet man unter *ww.finxml.org.*

---

[65] Vgl. Weiztel/ Harder/ Buxmann; 2001; S. 76
[66] Vgl. O`reilly XML

9 XML Integration in das Unternehmen

Für die erfolgreiche Verbreitung eines Standards ist es von besonderer Wichtigkeit, dass er eine Kompatibilität mit den gängigsten Software Lösungen aufweist.
Für XML müssen in den Anwendungen Schnittstellen generiert werden, die einen interoperatabelen Nutzen ermöglichen.

9.1 XML-Schnittstelle (SAP)

SAP ist der führende Anbieter von Unternehmenssoftware, der sich aktiv an der Unterstützung von XML, Standards wie RosettaNet oder XCBL beteiligt. Außerdem ist SAP beteiligt an Standardisierungsorganisationen wie z.B. OASIS (Organization for the Advancement of Structured Information Standards).[67]
Unter SAP ERP ist ein in der Praxis weit verbreitetes ERP- (Enterprise Ressource Planning) System zu verstehen. Dieses dient zur Systemintegration der gesamten finanz- und warenwirtschaftlichorientierten Wertschöpfungskette. Hier erfolgt eine Verknüpfung aller betrieblichen Teilprozesse wie Finanzen, Personal, Produktion, Vertrieb und Einkauf.[68]
Eine weitere Funktion ist die Unterstützung der Beschaffungsprozesse, so dass insbesondere Mitglieder des Supply Chain Managements, die mit einer Vielzahl von Beschaffungsprozessen konfrontiert werden, davon profitieren können.
SAP ERP verfügt über eigene Softwarefunktionen, um ein Unternehmen best-möglichst in die Supply Chain zu integrieren.
Es gibt für Nutzer von ERP R/3 Systemen mehrere Möglichkeiten mit anderen Unternehmen elektronisch zu interagieren und Bestellungen durchzuführen.
Mittels XML kann SAP eine Verbindung zwischen Einkaufsystemen (B2B-Procurement) und Verkaufsystemen (z.B. SAP Online Store) herstellen.
SAP bietet mit SAP Buyer Proffesional auch eine eigene E-Procurement Lösung an [s. Abschnitt 10.1].[69]

---

[67] Vgl. SAP Deutschland
[68] Vgl. FIBU Markt
[69] Vgl. Schubert; Wölfle; Dettling; 2002; S.19

9.2 Business Connector

Eine Möglichkeit stellt die Schnittstelle Business Connector dar, durch die die Integration mit dem Internet hergestellt wird. Hierunter wird eine XML-Schnittstelle verstanden, die SAP Kunden kostenlos vom SAP Marktplatz herunterladen können.

Mit dem Business Connector können XML-Transaktionen vonstatten gehen. Gleichzeitig transformiert er empfangene XML-Daten in das geläufige IDoc-Format [SAP-Standardformat zum elektronischen Datenaustausch zwischen Systemen (Intermediate Document)].[70]]

Die von der Connector Software empfangenen und konvertierten Daten werden dann mittels eines Business Application Programming Interface (BAPI) ins System eingespielt, [71]

Der SAP Business Connector (SAP BC) ermöglicht die Ausweitung von Geschäftsprozessen über das Internet und die Integration von Nicht-SAP-Produkten durch die Verwendung einer offenen und nicht-proprietären Technologie.[72]

Eine andere Möglichkeit bietet der Internet Transaction Server, in dessen Grundausstattung sich aber keine XML-Schnittstelle befindet.

[70] Vgl. SAP Bibliothek

[71] Vgl. Weiztel/ Harder/ Buxmann; 2001; S. 162

[72] Vgl. SAP-Bibliothek;

10 Einsatzmöglichkeiten XML in der Praxis

Von besonderer Bedeutung ist es aufzuzeigen, wie XML in den einzelnen Geschäftsmodellen des E-Business seine Anwendung findet.
Diese Geschäftsmodelle geben Auskunft darüber, wie Unternehmen ihre Aktivitäten gestalten, um so ihre Ziele möglichst optimal erreichen zu können.
Im Folgenden sollen einige wichtige E-Business Geschäftsmodelle erläutert werden.
Hierbei wird insbesondere die Verknüpfung mit XML und den Standards hervorgehoben.
Tauscht man beispielsweise eine Preisliste aus, so muss man sich vorher auf ein Schema zur Beschreibung der Teile einigen. Danach kann der Sender die Daten z.B. aus der SQL-Datenbank direkt in das XML-Format Schema transformieren. Für den Empfang benötigt der Empfänger nur noch einen XML-Parser oder entsprechende Software mit XML-Importfunktion.[73]
Aber XML/EDI kann für viele verschiedene elektronische Geschäftsmodelle genutzt werden. Im Business-to-Business Bereich können als Anwendungsbereiche primär die elektronische Geschäftsabwicklung genannt werden.
Aber auch Desktop-Purchaising (Direkte Bestellabwicklung am Arbeitsplatz) oder für Help-Desks (im XML Bereich als Live-Hilfe für Softwareanwender mittels Chat. Eine Hilfestellung/Support um Produkte weiter zu entwickeln. Besonders häufige Anwendung im Customer RelationChip Management, um Kunden bei Problemen zeitnah und flexibel helfen zu können.[74]), lassen sich aufzählen.
Nachfolgend soll speziell das E-Procurement erläutert werden und die Bedeutung von XML für die gesamte Wertschöpfungskette.

[73] Vgl. Eberhart; Fischer; 2001; S.311
[74] Vgl. infoMagazin;

10.1 E-Procurement

Unter einem Bestellvorgang kann man einen Aufwand verstehen, der mit Kosten verbunden ist. Unternehmen streben danach, diesen Aufwand und somit die Kosten zu reduzieren. E-Procurement kann hierbei helfen und Einsparmöglichkeiten freisetzen.

Unter E-Procurement (zu dt. Elektronische Unterstützung) versteht man die „Abwicklung von Beschaffungsprozessen an der Schnittstelle zum Lieferanten.“[75]

Die Beschaffungsprozesse werden mit Hilfe des Internets unterstützt und stellen dadurch eine kostengünstigere und schnellere Form der Bestellung dar.

Die Beschaffungsvorgänge können jederzeit vom berechtigten Mitarbeiter dezentral über den Desktop zeitnah und flexibel ausgelöst werden (Desktop Purchaising). Dadurch lassen sich Durchlauf- und Bearbeitungszeiten senken.

Die Studie „The E-Procurement Benchmarkt Report“ vom August 2008, die 400 Unternehmen verschiedenster Branchen befragt hat, konnte den großen Nutzen von E-Procurement Lösungen beziffern. Die Kosten für einen Bestellprozess wurden durchschnittlich von 51 US-Dollar auf 26 US-Dollar gesenkt.

Die Durchlaufzeiten verkürzten sich durchschnittlich von 9,6 Tagen auf 3,4 Tage und die Einhaltung des Einkaufsbudget wurde von 40 Przent auf 60 Prozent gesteigert.[76]

Laut Cybiz haben sich mehrere Dialekte des XML-Datenaustausches, der für E_Procurement verwendet wird, etabliert. (z.B ebXML oder CXML).[77]

10.1.1 Arten

Procurement-Systeme lassen sich nach verschiedenen Sichtweisen unterscheiden.

- *Buyer-Centric* → Abnehmerseitig; Das Procurement-System ist beim einkaufenden Unternehmen installiert und der Zugriff auf die Katalogdaten

---

[75] Neuburger, Rahild; 2003; S.559

[76] Vgl. Schaffry, Andreas

[77] Vgl. E-Procurement- Die richtigen Datenformate“; CYbiz 04.2003; S.24

erfolgt über eine angepasste Benutzeroberfläche. Das Intranet muss zeitnah mit aktuellen Katalogdaten des Zulieferers versorgt werden.
Hier spricht man auch von einer N:1 Kardinalität (mehrere Verkäufer, ein Käufer).
- *Seller-Centric* → Anbieterseitig; Das Procurement-System ist beim Lieferanten installiert. Die Nachfrager greifen über den Anbieter-Server auf den ProduktKatalog zu. Diese Form entspricht dem WEB-EDI. Hier liegt eine 1:N Kardinalität vor (ein Verkäufer, mehrere Käufer).
- *Intermediäre* → Zwischengeschalteter Dritter; Unter dieser Form lässt sich ein elektronischer Marktplatz verstehen. Anbieter und Nachfrager treffen auf dieser Plattform zusammen und nutzen das Angebot des Betreibers, welcher auch die dort verfügbaren Daten auf einen Standard vereinheitlicht.[78]
Die Kardinalität ist hier N:1:M (mehrere Verkäufer, ein Intermediär, mehrere Käufer).[79]
Folgt man der genaueren Definition, so ist nur das Buy-Side-System als E-Procurement-System zu verstehen, da hier primär die System Funktion hervorgehoben wird.[80]

10.1.2 Katalogsysteme am Beispiel BMECat

Eine Form des E-Procurement stellen elektronische Produktkataloge dar, die im folgendem angesprochen werden.
Die Wichtigkeit der „E-Kataloge" unterstreichen die Zahlen des „BME-Stimmungsbarometer" aus dem Jahre 2009. Einer Umfrage von 188 Unternehmen zu Folge, benutzen bereits 66 Prozent der Unternehmen E-Kataloge in der Praxis, während weitere 15 Prozent deren Einführung planen.[81]
Wenn im B2B Bereich Produktlisten zwischen Käufer und Verkäufer auf elektronischem Wege ausgetauscht werden, spricht man von einem

[78] Vgl. Nomikos, Marina; 2002; S.158 ff
[79] Vgl. Leukel, Jörg; 2004; S.135 ff.
[80] Vgl. Leukel, Jörg ;2004; S.135 ff. zitiert aus (Hentrich (2001), S.32
[81] Vgl. Stimmungsbarameter Elektronische Beschaffung; S.2

elektronischen Produktkatalog (Produktauflistung einer Firma im elektronischen Format).

Die ausgetauschten Daten liefern Informationen über Produkte, deren Eigenschaften, Preise usw., mit dem Ziel die Produkte möglich klar und passend zu beschreiben.

Gleichzeitig ist die elektronische Bestell- und Zahlungsabwicklung integriert.[82]

Als Formatgrundlage für elektronische Kataloge hat sich mittlerweile XML durchgesetzt.[83]

Durch die zahlreichen unterschiedlichen Lieferanten werden die Abnehmerseite und auch Dritte (z.B. Marktplatzbetreiber) mit zahlreichen inkompatiblen Katalogformaten konfrontiert.

Als Beispiel sei der Siemens Konzern zu nennen, der mit ca. 220.000 verschiedenen Zulieferern aufwartet.[84]

Meist ist eine Strukturierung von Verkäuferseite vorgegeben, welche nicht immer kompatibel zur Käuferseite ist, um sie medienbruchfrei zu überspielen.

Die Katalogsoftware liegt dem Kunden auf dem Web-Server vor, was ein Unterschied zur üblichen B2C Vorgehensweise darstellt, in der der Kunde über den Online-Shop Informationen bezieht.[85]

Die technische Integration des Katalogs kann auch in ein ERP System erfolgen, welches dann die Zugriffe auf die Kataloge regelt.[86]

Die Bestellung wird dann ebenfalls direkt im elektronischen Katalog ausgelöst.

Im Detail sieht der Bestellprozess wie folgt aus.

Der Mitarbeiter startet von seinem Arbeitsplatz seinen Browser. Anschließend wird online in dem Produktkatalog nach dem gewünschten Artikel gesucht. Nach dem Preis und Verfügbarkeit ermittelt wurden sind, wird die Bestellung online ausgelöst. Jetzt wird die elektronische Mitteilung per XML-Message an den Lieferanten geschickt.[87]

---

[82] Vgl. Schubert; Wölfle; Detllig; 2002; S.48
[83] Vgl. Scheckenbach; Zeier ;2.Auflage; 2002; S.188
[84] Vgl. Robben, Matthias
[85] Vgl. Merz ;2002; S.748
[86] Vgl. Neuburger, Rahild; 2003; S.100
[87] Vgl. Schubert,; Wölfle,; Dettling,; 2002; S.48

2002 zählte der Handel im e-commerce Bereich etwa 160 verschiedene Standards (Bundesverband Materialwirtschaft, Einkauf und Logistik), mit denen Produktdaten versendet werden konnten.

Zu den bekanntesten zählen BMEcat und xCBL.

XMl-Katalogformate dienen der Abbildung von Katalogstrukturen, der einheitlichen Produktklassifizierung, der Definition von Produktmerkmalen und der Einbindung multimedialer Informationen (Grafiken, Videodateien).[88]

BMEcat, ein Standard, der durch eine Initiative des BME (Bundesverband Materialwirtschaft, Einkauf und Logistik) entstanden ist, ermöglicht einen vereinfachten Datenaustausch elektronischer Produktkataloge zwischen einer Vielzahl unterschiedlicher Teilnehmer mit unterschiedlichen Leistungen. Hier wird die Angebotsseite dargestellt.

Besonders der Austausch globaler Produktkataloge wird durch den branchenunabhängigen BMEcat Standard unterstützt.

Unter der Website www.bmecat.org kann die aktuelle Version 2005 herunter geladen werden.[89]

BMEcat Katalogdaten sind unterteilt nach bestimmten Kriterien (z.B. Artikelnummer, Gewicht usw.) und basieren auf der Übertragung von unterschiedlichen Klassifikationssystemen. Diese Systeme sind wichtig, um die Vielzahl unterschiedlicher Artikel anhand von Produktmerkmalen richtig einzuordnen.

Die Wichtigsten hierbei sind eClass und UNSPSC.

Unter eClass wird ein vierstufiges Klassifizierungssystem verstanden - ein vom Institut der deutschen Wirtschaft Köln kostenlos zur Verfügung gestellter Standard. Anwendung findet er eher bei nationalen Produktkatalogen. Die vier Ebenen heißen Sachgebiet, Hauptgruppe, Gruppe und Untergruppe.[90]

Das nachfolgende Beispiel zeigt, wie diese Gliederung nach einem Vier-Ebenen- Klassifizierungssystem in eClass aussehen kann.

[88] Vgl. Wannenwetsch, Helmut; 2005; S.100

[89] Vgl. BMEcat

[90] Vgl. E-Procurement- Die richtigen Datenformate"; CYbiz 04.2003; S.24

Bsp. Aufschlüsselung

Ebene 1 → 21 Werkzeug

Ebene 2 → 21-04 Handwerkzeug

Ebene 3 → 21-04-04 Schraubendreher

Ebene 4 → 21-04-04-02 Schraubendrehereinsatz [91]

Die Produktmerkmale können selbstständig vergeben und auf der untersten Ebene beschrieben werden.

Meist handelt es sich bei der Beschreibung um Basismerkmale.

UNSPSC steht für United Nations Standard Products and Services Codes System und findet in Amerika häufige Anwendung. Es sorgt ebenfalls für eine bestimmte Klassifikation von Produkten oder Dienstleistungen.

BMEcat Nutzer können aber ihren Standard nach eigenen Klassifikationskriterien gestalten.

Die Erstellung eines Kataloges im BMEcat Format kann auf verschiedene, meist einfache Arten erfolgen, z.B. über Microsoft Excel oder bestimmter Tools, welche die Daten in das gewünschte Format konventieren.

xCBL steht für Common Business Library (Commerce One 2002). Dieser von Commerce One entwickelte Standard ergänzt die Funktion des klassifizierten Produktkatalogs durch Business-Elemente, die dem Austausch von Geschäftskatalogen dienen.[92] xCBL soll hier aber nicht weiter behandelt werden.

Genauere Informationen finden sich in der einschlägigen Literatur (z.B. Scheckenbach; Zeier – Collaborative SCM in Branchen)

---

[91] Vgl. BMEcat

[92] Vgl. Krieger, Rolf, Kuhn, Norbert; Mess, Michael; Naumann, Stefan; Schürmann, Cordula; Sommer, Christian; 2002; S.273 ff.

10.1.3 Elektronischer Marktplatz/Marktbörsen

Ein elektronischer Marktplatz ist ein ökonomischer Handelsort, an dem die Transaktionsvorgänge zwischen Anbieter und Nachfrager, durch die elektronische Abbildung von Kommunikationsvorgängen geregelt werden.
In der Literatur findet sich eine Vielzahl von Klassifizierungsmöglichkeiten für elektronische Marktplätze, z.B. nach Shops, Auktionen oder Ausschreibungen, oder nach unterschiedlichen Charakteristikas wie z.B. Preisfindung, Plattform oder Reichweite, auf die hier aber nicht näher eingegangen werden soll.
Es gibt viele verschiedene Softwareanbieter, die Plattformen bereitstellen, die die Konvertierung der unterschiedlichen Geschäftsdokumente unterstützen (z.B. Ariba).
Diese Marktplatzbetreiber sorgen für die Standardisierung, indem sie ihre Leistungen für Anbieter und Nachfrager auf ein einheitliches Format transformieren.
Somit reduziert der Marktplatzbetreiber auf Nachfrager- und Lieferantenseite die Anzahl möglicher Schnittstellen und senkt damit auch deren Transaktionskosten.
Die Koordination der Abwicklungsprozesse wird ebenfalls vom Marktplatzbetreiber geregelt. Da XML betriebsunabhängig ist, eignet sich diese Sprache hierfür besonders gut.
Auch wird auf die zuvor behandelten Klassifizierungsstandards wie z.B. BMEcat zurückgegriffen, um das Geschäftsvokabular festzulegen.
Ein besonderer Vorteil eines elektronischen Marktplatzes liegt in der Loslösung der Raum-zeitlichen Anwesenheit aller Marktteilnehmer.
Als Beispiele für elektronische Marktplätze lassen sich Frachtbörsen, in denen Frachtkapazitäten ausgeschrieben werden (z.B. TimoCOM), oder Gebrauchtmaschinen-Auktionsplätze (z.B. Surplex), nennen.
Einen sehr bekannten B2B Marktplatz stellt Covisint dar (Automobilbranche), welcher sich ebXML zunutze macht.

10.2 Vernetztes Supply Chain

„Unter vernetztem Supply Chain Management (SCM) versteht man die erfolgreiche Zusammenarbeit der Wertschöpfungskette über den gesamten Produktlebenszyklus“.[93]

Voraussetzung für ein erfolgreiches SCM ist die nahtlose Verknüpfung und Integration der Unternehmen (Business-to-Business-Integration).

Als direkte Ziele eines erfolgreichen SCM lassen sich die Reduktion von Lagerbeständen oder die Beschleunigung der Durchlaufszeiten festmachen.

XML basierte Standards können einen entscheidenden Beitrag für ein erfolgreiches SCM darstellen, lassen sich hiermit Datenbankinhalte, elektronische Artikelkataloge und Bestelldaten aus ERP-Systemen medienneutral transferieren. Ein weiteres Ziel kann die bessere zeitversetzte Datenkommunikation sein, denn besonders Schnelligkeit ist bei der elektronischen Übermittlung von Daten wichtig. So können beispielsweise kurzfristige Lagerbestandsänderungen oder freie Kapazitäten optimaler an andere Mitglieder der Supply Chain vermittelt werden.[94]

Die technische Implementierung von EDI in der Supply Chain stellt eine besondere Schwierigkeit da. Die meist heterogenen Systeme müssen so miteinander verkoppelt werden, dass ein reibungsloser Informationsfluss gewährleistet ist.[95]

Ziel muss es sein, die Geschäftsprozesse entlang der Supply Chain zu standardisieren.

Scheckenbach und Zeier sprechen von Standards sogar als „Klebstoff für die Supply Chain“.[96]

---

[93] Wannenwetsch, Helmut; 2005; S.1
[94] Vgl. Kämpf, Rainer; Növig; Terje Yesilhark, Muhammed;
[95] Vgl. Nomikos,; 2002; S.175
[96] Scheckenbach; Zeier; 2.Auflage; 2002; S.148

11 Fallstudie Beschaffung UBS: Bank

Anhand dieser Fallstudie der *UBS-Bank,* die eine abnehmerseitige (Buyer-Side) Lösung darstellt, sollen die zuvor behandelten Themen verdeutlicht werden, um deren Zusammenwirken verständlicher zu machen.

Die UBS Bank aus der Schweiz hat Ende der 90er Jahre damit begonnen, ihre Beschaffungsprozesse zu optimieren. Diese Beschaffung beinhaltet hauptsächlich Büromaterialien. Diese MRO-Güter (Maintenance, Repair, Operations) dienen nicht der Erfüllung eines hohen strategischen Nutzens, sondern eher dem operativen Geschäft.

Ziel war es, den Vorgang der Bestellung zu beschleunigen und zu vereinfachen, da der bisherige Beschaffungsprozess nicht optimal gestaltet war. Es bestand keine ganzheitliche Betrachtung. Die Bestellungen wurden unabhängig von anderen Bestellungen, durch die Einbindung mehrerer verschiedener Systeme durchgeführt. Dies führte zu höheren Beschaffungskosten, mangelnder Kostentransparenz und verlängerten Durchlaufzeiten.

1999 entschied man sich für die Einführung von >>Gate<<, einer zwischenzeitlichen Lösung, welche auf Basis des SAP Moduls MM und SD betrieben wird und über diverse EDI-Schnittstellen verfügt.

Hierüber konnten die Bestellungen von ca. 4000 autorisierten Mitarbeitern vollautomatisch ausgeführt werden. Es konnten ca. 50% des Belegvolumens und ca. 65 Arbeitsplätze eingespart werden.

2002 wurde eine neuere Prozesslösung eingeführt.

Es wurde der >>MyShop<< eingeführt, um die Bestelleffizienz weiter zu erhöhen und eine vollständige Integration in das SAP R/3 System zu erzielen.

Als Procurement Partner entschied man sich für die Swisscom IT Services AG, die Betreiber des elektronischen Marktplatzes Conextrade ist. Als Vorteile sind hier die volle Integration mit SAP R/3 zu nennen und die vollautomatische Rechnungsabwicklung.

Über Conextrade werden die Bestellungen jedes berechtigten Mitarbeiters am Desktop ausgelöst (E-Procurement). Diese Lösungen sind auch unter dem Namen „Desktop Purchaising System“ bekannt.

Die Handelsplattform Conextrade verfügt über eine Suchfunktion und einen elektronischen Warenkorb. Wird ein Bestellvorgang eingeleitet, erfolgt ein Input an das SAP R/3 System und eine XML Bestellung an den Handelsplatz wird ausgelöst. So entsteht ein Abgleich zwischen Handelsplatz und dem SAP System.

Als Standard nutzt der Conextrade-Marktplatz XCBL.

Die Nachfolgende Abbildung verdeutlicht den Beschaffungsprozess über >>MyShop<<.

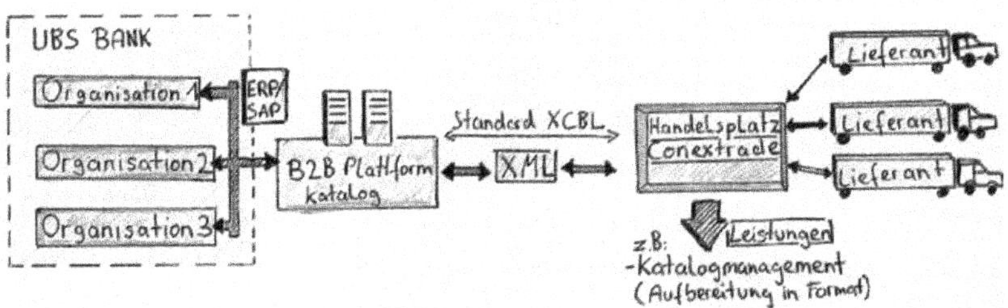

Abb.4 Beschaffungsprozess >>MyShop<<[97]

Die einzelnen Mitarbeiter eines Arbeitsplatzes der UBS Bank sind innerhalb des ERP/SAP integriert. Es können einzeln von jedem Arbeitsplatz aus Bestellungen ausgelöst werden. Das SAP- System verfügt über eine Schnittstelle (diese Schnittstellen-Funktion könnte beispielsweise durch den SAP Business Connector wahrgenommen werden), die den Zugang zum Internet herstellt.

Hier wird mittels XML der jeweilige Katalog der Handelsplatz Conextrade Plattform mit den Instanzen der UBS Bank ausgetauscht. Die Bestellungen gehen auf der Conextrade Plattform ein und können anschließend von den Lieferanten ausgeführt werden. Die Vereinheitlichung der unterschiedlichen Formate von mehreren Lieferanten auf ein Standartformat, wird von der Conextrade Plattform durchgeführt.

---

97 Procurement im E-Business

12 Fazit/ Ausblick

XML/EDI befindet sich auf dem Vormarsch, stellt aber nicht die sehnlichst erwünschte Lösung aller Probleme des E-Business dar. Besonders für die Bereiche von Marktplätzen, SCM oder Katalog-Management dienen XML-Standards nur als „Baukästen für die Entwicklung von Lösungen".

Um Interpretationsprobleme zu vermeiden müssen sich die Kommunikationspartner immer noch auf die einheitlichen Tags und die Dokumentenstruktur einigen. Das Problem einer universell nutzbaren Semantik löst XML jedoch nicht.[98]

XML und die Verbreitung derer Standards oder Initiativen ist im Laufe der Jahre immer komplexer geworden, so dass es schwierig ist, einen kompletten Überblick zu behalten.

So macht es keinen Sinn eine Sprache zu beherrschen, die keiner sprechen kann. Von dem Gedanken, >> Wir machen XML → weil es XML ist<< muss man sich lösen, falls dieser einzig und allein aus dem „Boom" oder „Hype" heraus entstanden ist.[99] Demnach stellt XML nur eine Möglichkeit für EDI dar, aber keine perfekte Lösung.

Besonders die Dominanz des klassischen EDI in großen Unternehmen, die ihre Marktmacht dadurch bekräftigen, macht eine vollständige Ablösung von EDI durch XML schwierig.

Ein wichtiges Kriterium für die Verbreitung eines Standards sind auch die unterschiedlichen Branchenverbände, welche in Abhängigkeit der Branche einen bestimmten Standard festlegen wollen. So ließ sich Beispielsweise Mitte 2005 eine Zunahme von XML in der Industriegüterindustrie und in dem Bereich „Transport/ Logistik" festmachen, während sich das klassische EDI in der Konsumgüterindustrie und dem Handel nicht nennenswert durchsetzen konnte.[100]

---

[98] Vgl. Vgl.Scheckenbach; Zeier; 2.Auflage; 2002; S.162 ff
[99] Vgl. XML in der Praxis
[100] Vgl. Feßenberger, Matthias

Auch ist ein Konkurrenzkampf der einzelnen Standardisierungsorganisationen auszumachen. So konkurriert z.B. BizTalk.org mit xml.org, um die Anzahl der Schemata.[101]
Häufig werden die sonst eher festen Branchengrenzen sozusagen durchstoßen, was dem Prinzip folgt, dass die meisten Unternehmen nicht nur fest in ihren Branchen agieren.
Dies erklärt einen gewissen „Wildwuchs" an Standards.
Dennoch gibt es eine ganze Reihe von Vorzügen, die den Erfolg von XML/EDI rechtfertigen. Auf den einzelnen Vergleich zwischen XML/EDI und XML wurde in Abschnitt 7.2 eingegangen.
Einer Studie aus dem Jahre 2005 zu Folge, wächst der Unternehmensanteil [Befragung von 130 großen Unternehmen verschiedenster Branchen] die XML/EDI nutzen wollen, in den nächsten 4 Jahren von ca.8 Prozent auf etwa 41 Prozent. Im Gegenzug wird traditionelles EDI etwas an seiner Marktmacht verlieren. [102]
Einer Studie der TU Darmstadt zufolge, nutzen rund 40 Prozent aller Befragten Unternehmen einen XML- Standard, während weitere 20 % die Einführung eines XML-Standards planen.[103]
Hingegen stellt sich eine vollständige Ablösung von EDI durch XML/EDI als schwierig heraus. Zu weit ist die Verbreitung von klassischen EDI und es gibt eine große, funktionierende und ausgereifte technische Infrastruktur. Dieser Punkt lässt sich aus Gründen des Investitionsschutzes vieler Unternehmen untermauern.
Eine Studie der Analysten von Forester Research aus dem Jahre 2005 zufolge, gibt es keine Anzeichen für eine EDI Ablösung durch XML-Nachrichten.[104]
Eine Prognose über die Zukunft von XML/EDI läuft in die Richtung, dass beide Technologien parallel zueinander existieren werden. Voraussetzungen hierfür sind funktionale Konverter, besonders für EDI, die die Kommunikation mit beiden Sprachen ermöglichen.[105]

---

[101] Vgl. Vgl. Weitzel/ Harder/ Buxmann; 2001; S. 204
[102] Vgl. Wüstner ,Erik; 2005; S.230
[103] Vgl. Feßenberger, Matthias;
[104] Vgl. Computerwoche 46/2005;
[105] Vgl.Scheckenbach; Zeier ; 2003; S.63 ff.

13 Literaturverzeichnis

Botto, Francis	Botto, Francis; dictionary of E-Business; 2. Auflage; 2003; WILEY
Chiu, Eric	ebXML Simplefied – A Guide to the New Standard for Global E-Commerce; Wiley; 2002;
Dorloff, Frank Dieter	Standards die neue Sprache für das E-Business? ; Essener Unikate 18/2002
Eberhart; Fischer	Java Bausteine für E-Commerce Anwendungen; 2. Auflage;2001; HANSER; S.310
Elctronic Data Interchange –„Auf Hochtouren"	Artikel erschienen in: Cybiz; 03.2003
E-Procurement- Die richtigen Datenformate	Artikel erschienen in: CYbiz 04.2003
Friese, Jörg	Offene Standards- Technologische Basis des Internet
Grandjot; Benninger	Supply Chain Revolution durch E-Commerce; 2001
Harold; Means	XML in a Nutshell; 2001
Krieger, Rolf; Kuhn, Norbert; Mess, Michael; Naumann, Stefan; Schürmann, Cordula; Sommer, Christian;	„Verwendbarkeit von Klassifikationssystemen und Katalogstandards zum Aufbau von elektronischen Handelsbörsen zum Aufbau von elektronischen Handelsbörsen für gebrauchte Maschinen" erschienen in E-Commerce –Netze, Märkte, Techologien; Weinhardt,Christof;Holtmann;Carsten; 2002;
Leukel, Jörg	Katalogdatemmanagement im B2B E-Commerce; 2004

Manninger/ Göschka/ Schwaiger/ Dietrich	Electronik Commerce –Die Technik; 2001
Merz,Michael	E-Commerce und E-Business; 2002
Neuburger; Rahild	E-Business Entwicklung für kleine und Mittelständische Unternehmen; 2003
Nomikos, Marina	Zwischenbetriebliche Anwendung; Aufsatz erschienen in Biethahn; Nomikos – Ganzheitliches E-Business; 2002; Oldenburg
Reinhardt, Tobias	– Diplomarbeit: Die Migration auf XML/UBL beim Austausch von Bestell und Rechnungsdaten; Universität Bremen; Bremen, 30.04.2007;
Reusch; Hildebrand, Wilke	Seminarband XML; Universität Dortmund; Stand 11.05.2003
Scheckenbach; Zeier	Collaboratives SCM in Branchen; 2.Auflage; 2002; SAP Press
Schubert, Wölfle, Dettling	Procurement im E-Business; 2002; Hanser Verlag
Schuhmacher,Nils	EDI via XML; 2006
Wannenwetsch, Helmut	Vernetztes Supply Chain Management; 2005; S.35; Springer
Weitzel/ Harder/ Buxmann	Electronic Business und EDI mit XML; 1. Auflage2001; dpunkt Verlag
Wüstner ,Erik	Standardisierung und Konvertierung: Ökonomische Bewertung und Anwendung am Beispiel von XML/EDI; 2005

Internetquellen

Amrhein, Beatrice	XSD- XML Schema Definition; URL: http://www.sws.bfh.ch/~amrhein/Skripten/XML/XSDSkript.pdf; Januar 2010; Zugriff 2.2.2010
BMEcat	Internetauftritt; URL: http://www.bmecat.org/download/BMEcat_Flyer_2006_DE.pdf / Zugriff 1.1.2010
Buxmann, Wüstner, Kunze	Artikel- Wird XML/EDI traditionelles EDI ablösen? URL: http://www.is.tu-darmstadt.de/download/2005_wi_xml-edi.pdf; Stand 24.01.2010 /Wirtschaftsinformatik 47 (2005) 6 Zugriff 13.02.2010
Computerwoche	46/2005; Spedlogswiss; Url: http://www.spedlogswiss.com/wcms/spednewsis.cfm/h,99999/s,0/c,0/id,50100176/sc,de/blue.htm Zugriff 26.02.2010
e-facts	Informationen zum E-Business; Bundesminesterium für Wirtschaft und Arbeit ;Url: http://www.ecomm-online.de/docs/efacts/efacts15.pdf 25.02.2010
Electronic Business (ebXML) Basics und Nutzen	Url: http://www.cs.univie.ac.at/upload/publications/00000.huemer-xml-buch.pdf / Zugriff 14.02.2010
Feßenberger, Matthias	Computerwoche – XMl löst EDI-Systeme nur langsam ab; Artikel vom 06.04.2005/ Zugriff 10.2.2010; URL: http://www.computerwoche.de/heftarchiv/2005/15/1051182/
FIBUmarkt	URL: http://www.fibumarkt.de/Fachinfo/Software/Begriff-Definition-von-ERP-Software.html_; Zugriff3.2.2010
Hentrich, Johannes	ECIN; URL: http://www.ecin.de/technik/katalogmanagement/ veröffentlicht von Galileo Business/ Zugriff 26.01.2010

infoMagazin URL: http://www.info-magazin.com/index.php?suchbegriff=Helpdesk / Zugriff 16.02.2010

Kämpf, Rainer; Növig, Terje; Yesilhark, Muhammed Informations- und Kommunikationstechnologien im SCM; EBZ Beratungszentrum GmbH, URL: http://www.ebz-beratungszentrum.de/logistikseiten/artikel/scm-info.html Zugriff 17.02.2010

O`reilly XML O`reilly XML.Com/ URL: http://www.xml.com/pub/r/279 / Zugriff 23.02.2010

Procurement im E-Business Fallstudie UBS Quelle: Procurement im E-Business – Einkaufs- und Verkaufsprozesse elektronisch optimieren, Schubert et al.Hanser Verlag 2002; URL: http://wi.f4.htw-berlin.de/users/ginnold/stuff/meisegeier/Fallstudie_UBS.pdf; Zugriff 10.2.2010

Reinhardt, Tobias Die Migration auf XML/UBL beim Austausch von Bestell- und Rechnungsdaten; Diplomarbeit; Universität Bremen; 2007; URL: http://tobias-reinhardt.de/diplom/ubl-migration.pdf; Zugriff: 28.02.2010

Robben, Matthias ECIN; e-Procurement – Beschaffung im Internet; URL: http://www.ecin.de/strategie/eprocurement/ Stand Zugriff 07.02.2010

Ruder, Jan ebXML – enabling a single global market; URL: http://www-rnks.informatik.tu-cottbus.de/content/unrestricted/teachings/2003/SS/Seminar VerteilteSysteme/materialien/ebXML.pdf; Zugriff 25.01.2010

SAP Bibliothek URL: http://help.sap.com/saphelp_nw04/helpdata/de/35/26b592af ab52b9e10000009b38f974/content.htm

Zugriff 10.02.2010

SAP Deutschland — URL: http://www.sap.com/germany/about/index.epx Stand: 10.02.2010
In Verbindung mit URL: http://www.sap.com/germany/solutions/business-suite/scm/featuresfunctions/collaborationkey.epx
Zugriff 25.02.2010

Schaffry, Andreas — CIO – Messbare Vorteile durch E-Procurement; URL: http://www.cio.de/news/cionachrichten/858859/index2.html ; Erscheinungsdatum 23.09.2008: Zugriff 17.02.2010

SELFHTML — Url: http://de.selfhtml.org/index.htm 2007; Zugriff: 20.01.2010

Stimmungsbarameter - Elektronische Beschaffung; — Bundesvernad Materialwirtschaft Einkauf und Logistik e.V. 2009; S.2; URL: http://www.bme.de/fileadmin/bilder/Stimmungsbarometer_2009.pdf Zugriff 23.02.2010

Thaler, Klaus — Datenbankbasierte Internetanwendungen mit XML als Datenschnittstelle Url: http://www.hdm-stuttgart.de/scm/Internet_XMLkurz.pdf; Folie 18
Zugriff 19.02.2010

Trogner, Dagi — Diplomarbeit –Die aktuelle Bedeutung von RosettaNet als Standard im E-Business Datenaustausch; Hannover (2005); URL: http://www.kbs.uni-hannover.de/Arbeiten/Diplomarbeiten/05/Diplomarbeit_troegner.pdf
Zugriff 16.01.2010

Webservice — [1] IT-Wissen / URL: http://www.itwissen.info/definition/lexikon/Webservice-WS-web-services.html Zugriff: 25.01.2010

XML in 10 points — URL: http://www.w3.org/XML/1999/XML-in-10-points

XML in der Praxis / URL: http://www.linkwerk.com/pub/xmlidp/2000/die-zukunft.html
Zugriff 25.01.2010

14 Anhang/ Vergleich klassisches EDI mit XML/EDI

XML	EDI
→ Einfache Programmierung → Austausch über Internet → benötigt einen Web-Server, Anschaffungspreis moderat → verwendet Internetanbindung → XML Nachrichten sind innerhalb von Stunden erlernbar → die Verarbeitung von XML ist in allen gängigen Programmiersprachen inklusive der aktuellen Scripting-Sprachen (Java Script, Pyton, Perl) Möglich → Stark zunehmende Tool- und Browser Unterstützung → Kostengünstige Basistechnologie, für viele Problemstellungen nutzbar → binäre Datenintegration → Internationalität auf technischer Ebene	→ Weltweit EDIFACT, aber unterschiedliche Branchenstandards wie VDA, Odette, SEDAS mit komprimierter Datenübertragung → benötigt EDI-System, Anschaffungspreis zwischen 20.000 und 200.000 DM → verwendet die kostenpflichtige Netzwerke (Gebühr pro Nachricht!) → EDI Nachrichten-Formate komplex → es werden hochqualifizierte Programmierer für C++ benötigt →Umfangreich bestehende Installation in der Wirtschaft → komplexe Syntax

[106]

[106] Scheckenbach; Zeier; 2003; S.169 ff.
In Verbindung mit: Prof. Dr. Klaus Thaler; Datenbankbasierte Internetanwendungen mit XML als Datenschnittstelle Url: http://www.hdm-stuttgart.de/scm/Internet_XMLkurz.pdf; Folie 18
In Verbindung mit Rheinhardt, Tobias; S.41

14.1 Übersicht Standards

Standard Name	**Kurzbeschreibung**	**Standard-Art**	**Technologie**
BMEcat	→ Deutschland → branchenübergreifend → der z. Zt. im deutschen Sprachraum am weitesten verbreitete XML-Standard für elektronische Produktkataloge	Austauschformate für Produktkataloge	XML
CML	→ Chemie-Branche	Austauschformat	XML
FinXML	→ Finanz-Branche	Austauschformat	XML
XCBL	→ Weltweit → Für den Austausch von Produkt- und Bewegungsdaten zwischen Lieferanten und Bestellsystemen	Austauschformate für Produktkataloge Austauschformate für Geschäftsdokumente	XML
ebXML	→ weltweit → Rahmen zur Standardisierung von Prozessen	Geschäftsprozesse	XML
RosettaNet	→ weltweit → Rahmen zur Standardisierung von Prozessen	Geschäftsprozesse	XML

BizTalk	→ weltweit → Rahmen zur Standardisierung von Prozessen	Geschäftsprozesse	XML[107]

[107] e-facts

www.ingramcontent.com/pod-product-compliance
Lightning Source LLC
LaVergne TN
LVHW042259060326
832902LV00009B/1147

* 9 7 8 3 6 4 0 5 8 0 2 2 4 *